卞尺丹几乙し丹卞と

Translated Language Learning

El Príncipe Jacinto y la Querida Princesita

Prince Hyacinth and the Dear Little Princess

Jeanne-Marie Leprince de Beaumont

Español / English

Copyright © 2022 Tranzlaty
All rights reserved
Published by Tranzlaty
El Príncipe Jacinto y la Querida Princesita
Prince Hyacinth and the Dear Little Princess
ISBN: 978-1-83566-121-5
Original text by Jeanne-Marie Leprince de Beaumont
Le Prince Désir
First published in French in 1756
Taken from The Blue Fairy Book (Andrew Lang)
www.tranzlaty.com

El Príncipe Jacinto y la Querida Princesita
Prince Hyacinth and the Dear Little Princess

***

Érase una vez un rey
Once upon a time there lived a king
Este rey estaba profundamente enamorado de una princesa
this king was deeply in love with a princess
pero no podía casarse con nadie
but she could not marry anyone
porque había estado encantada
because she had been enchanted
Así que el rey se dispuso a buscar un hada
So the King set out to seek a fairy
preguntó cómo podía ganarse el amor de la princesa
he asked how he could win the Princess's love
El hada le dijo: "Sabes que la princesa tiene un gran gato"
The Fairy said to him, "You know that the Princess has a great cat"
"Ella es muy aficionada a este gato"
"she is very fond of this cat"
"Y hay un hombre con el que está destinada a casarse"
"and there is a man she is destined to marry"
"Quien sea lo suficientemente inteligente como para pisar la cola de su gato"
"Whoever is clever enough to tread on her cat's tail"
"Ese es el hombre con el que se casará"
"that is the man she will marry"

Agradeció al hada y se fue
he thanked the fairy and left
"Esto no debería ser tan difícil", pensó el rey para sí mismo.
"this should not be so difficult" the king thought to himself
Haría más que pisar la cola del gato
he would do more than step on the cat's tail
Estaba decidido a moler la cola del gato en polvo.
he was determined to grind the cat's tail into powder
pronto fue a ver a la princesa
soon he went to see the Princess
Por supuesto que realmente quería ver al gato
of course really he wanted to see the cat
Como de costumbre, el gato caminó frente a él
as usual, the cat walked around in front of him
Arqueó la espalda y maulló
he arched his back and miowed
El Rey dio un largo paso hacia el gato
The King took a long step towards the cat
y pensó que tenía la cola debajo del pie
and he thought he had the tail under his foot

Pero el gato hizo un movimiento repentino
but the cat made a sudden move
y el rey pisó nada más que aire
and the king trod on nothing but air
Así que continuó durante ocho días
so it went on for eight days
el rey comenzó a pensar que el gato conocía su plan
the King began to think the cat knew his plan
Su cola nunca estuvo quieta por un momento
his tail was never still for a moment

Por fin, sin embargo, el rey estaba de suerte.
At last, however, the king was in luck
Había encontrado al gato profundamente dormido
he had found the cat fast asleep
y su cola estaba convenientemente extendida
and his tail was conveniently spread out
El rey no perdió tiempo antes de actuar
the king did not lose any time before he acted
y puso su pie justo en la cola del gato
and he put his foot right on the cat's tail
Con un grito terrorífico, el gato saltó
With one terrific yell the cat sprang up
El gato se convirtió instantáneamente en un hombre alto
the cat instantly changed into a tall man
fijó sus ojos enojados en el Rey
he fixed his angry eyes upon the King
"Te casarás con la princesa"
"You shall marry the Princess"
"Porque has sido capaz de romper el encantamiento"
"because you have been able to break the enchantment"
"pero tendré mi venganza"
"but I will have my revenge"

"Tendrás un hijo"
"You shall have a son"
"Pero no tendrás un hijo feliz"
"but you will not have a happy son"
"La única forma en que puede ser feliz es si descubre que su nariz es demasiado larga"
"the only way he can be happy is if finds out that his nose is too long"
"Pero no puedes contarle a nadie sobre esto"
"but you can't tell anyone about this"
"Si se lo dices a alguien, desaparecerás instantáneamente"
"if you tell anyone, you shall vanish away instantly"
"Y nadie te volverá a ver ni a oír hablar de ti"
"and no one shall ever see you or hear of you again"
el rey tenía miedo del encantador
the King was afraid of the enchanter
Pero no pudo evitar reírse de esta amenaza
but he could not help laughing at this threat
"Si mi hijo tiene una nariz tan larga, seguramente lo verá"
"If my son has such a long nose, he is bound to see it"
"A menos que sea ciego", se dijo a sí mismo.
"unless he is blind" he said to himself
Pero el encantador ya había desaparecido
But the enchanter had already vanished
Así que no perdió más tiempo en pensar
so he did not waste any more time in thinking
en cambio, fue a buscar a la princesa.
instead he went to seek the Princess
y muy pronto ella consintió en casarse con él.
and very soon she consented to marry him

Sin embargo, el rey no tenía mucho de su matrimonio.
the king did not have much from his marriage, however
no habían estado casados mucho tiempo cuando el rey murió.
they had not been married long when the King died
y a la Reina no le quedaba nada más que cuidar de su pequeño hijo
and the Queen had nothing left to care for but her little son
ella lo había llamado Jacinto
she had called him Hyacinth
El principito tenía grandes ojos azules
The little Prince had large blue eyes
Eran los ojos más bonitos del mundo
they were the prettiest eyes in the world
y tenía una boquita dulce
and he had a sweet little mouth
Pero, ¡ay! Su nariz era enorme
but, alas! his nose was enormous
Le cubrió la mitad de la cara
it covered half his face
La reina estaba inconsolable cuando vio su gran nariz
The Queen was inconsolable when she saw his great nose
Sus damas trataron de consolar a la reina
her ladies tried to comfort the queen
"No es realmente tan grande como parece"
"it is not really as large as it looks"
"es una nariz romana admirable"
"it is an admirable Roman nose"
"Todos los grandes héroes tenían narices grandes"
"all the great heroes had large noses"
La reina se dedicó a su bebé
The Queen was devoted to her baby

y ella estaba satisfecha con lo que le dijeron.
and she was pleased with what they told her
volvió a mirar a Jacinto
she looked at Hyacinth again
y su nariz ya no parecía tan grande
and his nose didn't seem so large anymore
El príncipe fue criado con gran cuidado
The Prince was brought up with great care
Esperaron a que pudiera hablar
they waited for him to be able to speak
Y luego comenzaron a contarle todo tipo de historias:
and then they started to tell him all sorts of stories:
"No confíes en las personas con narices cortas"
"don't trust people with short noses"
"Las narices grandes son un signo de inteligencia"
"big noses are a sign of intelligence"
"Las personas de nariz corta no tienen alma"
"short nosed people don't have a soul"
Dijeron cualquier cosa que se les ocurriera para alabar su gran nariz.
they said anything they could think of to praise his big nose
Solo a aquellos con narices similares se les permitió acercarse a él.
only those with similar noses were allowed to come near him
Los cortesanos incluso sacaron las narices de sus propios bebés.
the courtiers even pulled their own babies' noses
pensaron que esto los pondría en favor de la Reina.
they thought this would get them into favour with the Queen
Pero tirar de la nariz no ayudó mucho

But pulling their noses didn't help much
Sus narices no crecerían tan grandes como las del príncipe
their noses wouldn't grow as big as the prince's
Cuando se volvió sensato, aprendió historia
When he grew sensible he learned history
Se hablaba de grandes príncipes y hermosas princesas
great princes and beautiful princesses were spoken of
y sus maestros siempre se cuidaban de decirle que tenían narices largas.
and his teachers always took care to tell him that they had long noses
Su habitación estaba colgada con fotos de personas con narices muy grandes.
His room was hung with pictures of people with very large noses
y el príncipe creció convencido de que una nariz larga era una cosa de belleza
and the Prince grew up convinced that a long nose was a thing of beauty
No le hubiera gustado tener una nariz más corta
he would not have liked to have had a shorter nose

Pronto el príncipe tendría veinte años
soon the prince would be twenty
así que la reina pensó que era hora de que se casara
so the Queen thought it was time that he got married
Ella trajo varios retratos de las princesas para que él los viera.
she brought several portraits of the princesses for him to see
¡y entre los retratos había una foto de la querida princesita!

and among the portraits was a picture of the dear little Princess!

Cabe mencionar que ella era la hija de un gran rey
it should be mentioned that she was the daughter of a great king

Algún día ella misma poseería varios reinos.
some day she would possess several kingdoms herself

pero el príncipe Jacinto no pensó mucho en esto
but Prince Hyacinth didn't think so much about this

Él estaba más impresionado con su belleza
he was most of all struck with her beauty

Sin embargo, tenía una pequeña nariz de botón
however, she had a little button nose

pero era la nariz más bonita posible
but it was was the prettiest nose possible

Los cortesanos habían adquirido el hábito de reírse de las narices pequeñas.
the courtiers had gotten into a habit of laughing at little noses

Fue muy vergonzoso cuando se rieron de la nariz de la princesa
it was very embarrassing when they laughed at the princess' nose

El príncipe no apreció esto en absoluto.
the prince did not appreciate this at all

No pudo ver el humor en ella
he failed to see the humour in it

De hecho, desterró a dos de sus cortesanos.
in fact, he banished two of his courtiers

Porque mencionaron la pequeña nariz de la princesa
because they mentioned the princess' little nose

Los otros tomaron esto como una advertencia.
The others took this as a warning

Aprendieron a pensar dos veces antes de hablar
they learned to think twice before they spoke
Y uno incluso fue tan lejos como para redefinir la belleza.
and they one even went so far as to redefine beauty
"Un hombre no es nada sin una nariz grande y gorda"
"a man is nothing without a big fat nose"
"Pero la belleza de una mujer es muy diferente"
"but a woman's beauty is very different"

conocía a un hombre erudito que entendía griego
he knew a learned man who understood Greek
¡aparentemente la hermosa Cleopatra tenía un poco de nariz!
apparently the beautiful Cleopatra herself had a little nose!
El príncipe le dio un bonito regalo como recompensa por las buenas noticias.
The Prince gave him a nice present as a reward for the good news
Envió embajadores a su castillo.
he sent ambassadors to her castle
le pidieron a la querida princesita que se casara con el príncipe
they asked the dear little Princess to marry the prince
El rey, su padre, dio su consentimiento
The King, her father, gave his consent
El príncipe Jacinto fue inmediatamente a su encuentro
Prince Hyacinth immediately went to meet her
Avanzó para besarle la mano
he advanced to kiss her hand
Pero de repente hubo una explosión de humo
but suddenly there was a burst of smoke

Todos los que estaban allí jadeaban de asombro
all that were there gasped in astonishment
El encantador había aparecido tan repentinamente como un relámpago.
the enchanter had appeared as suddenly as a flash of lightning
arrebató a la querida princesita
he snatched up the dear little Princess
¡Y él la alejó de la vista!
and he whirled her away out of sight!

El príncipe quedó bastante inconsolable
The Prince was left quite inconsolable

Nada podía inducirlo a regresar a su reino.
nothing could induce him to go back to his kingdom
Tenía que encontrarla de nuevo
he had to find her again
pero se negó a permitir que ninguno de sus cortesanos lo siguiera.
but he refused to allow any of his courtiers to follow him
Montó su caballo y cabalgó tristemente lejos
he mounted his horse and rode sadly away
y dejó que el animal eligiera qué camino tomar
and he let the animal choose which path to take

cabalgó hasta un gran valle
he rode all the way to a great valley
Lo cruzó todo el día
he rode across it all day long
y todo el día no vio una sola casa
and all day he didn't see a single house
El caballo y el jinete estaban terriblemente hambrientos
the horse and rider were terribly hungry
al caer la noche, el príncipe vio una luz
as the night fell, the Prince caught sight of a light
Parecía brillar desde una caverna
it seemed to shine from a cavern
Se acercó a la luz
He rode up to the light
Allí vio a una viejita
there he saw a little old woman
Parecía tener al menos cien años
she appeared to be at least a hundred years old
Se puso las gafas para mirar al príncipe Jacinto
She put on her spectacles to look at Prince Hyacinth
Pasó mucho tiempo antes de que pudiera asegurar sus

gafas.
it was quite a long time before she could secure her spectacles
¡Porque su nariz era muy corta!
because her nose was very short!
Así que cuando se vieron se echaron a reír
so when they saw each other they burst into laughter
"¡Oh, qué nariz tan graciosa!", exclamaron al mismo tiempo.
"Oh, what a funny nose!" they exclaimed at the same time
"No es tan gracioso como tu nariz", dijo el príncipe Jacinto al Hada.
"it's not as funny as your nose" said Prince Hyacinth to the Fairy
(porque un hada es lo que era)
(because a fairy is what she was)
"Señora, le ruego que deje la consideración de nuestras narices"
"madam, I beg you to leave the consideration of our noses"
"Aunque tu nariz es muy divertida"
"even though your nose is very funny"
"Sé lo suficientemente bueno como para darme algo de comer"
"be good enough to give me something to eat"
"Había montado todo el día y me muero de hambre"
"I had ridden all day and I am starving"
"Y mi pobre caballo también se muere de hambre"
"and my poor horse is starving too"
El hada respondió al príncipe
the fairy replied to the prince
"Tu nariz realmente es muy ridícula"
"your nose really is very ridiculous"

"**Pero tú eres el hijo de mi mejor amigo**"
"but you are the son of my best friend"
"**Amaba a tu padre como si hubiera sido mi hermano**"
"I loved your father as if he had been my brother"
"**¡Tu padre tenía una nariz muy hermosa!**"
"your father had a very handsome nose!"
El príncipe estaba desconcertado por lo que dijo el hada.
the prince was baffled at what the fairy said
"**¿Qué le falta a mi nariz?**"
"what does my nose lack?"
"**¡Oh! no le falta nada**", respondió el Hada.
"Oh! it doesn't lack anything" replied the Fairy
"**¡Al contrario!**"
"On the contrary!"
"**¡Hay demasiada nariz!**"
"there is too much of your nose!"
"**Pero no importa las narices**"
"But never mind about noses"
"**Uno puede ser un hombre muy digno a pesar de que tu nariz sea demasiado larga**"
"one can be a very worthy man despite your nose being too long"
"**Te estaba diciendo que era amigo de tu padre**"
"I was telling you that I was your father's friend"
"**A menudo venía a verme en los viejos tiempos**"
"he often came to see me in the old times"
"**Y debes saber que yo era muy bonita en esos días**"
"and you must know that I was very pretty in those days"
"**Al menos, solía decirlo**"
"at least, he used to say so"
"**La última vez que lo vi hubo una conversación que tuvimos**"
"the last time I saw him there was a conversation we had"

"Me gustaría contarte esta conversación"
"I would like to tell you of this conversation"
"Me encantaría escucharlo", dijo el príncipe.
"I would love to hear it" said the Prince
"Pero comamos por favor primero"
"but let us please eat first"
"No he comido nada en todo el día"
"I have not eaten anything all day"
"El pobre niño tiene razón", dijo el Hada.
"The poor boy is right" said the Fairy
"Entra y te daré algo de cena"
"Come in, and I will give you some supper"
"Mientras estás comiendo, puedo contarte mi historia"
"while you are eating I can tell you my story"
"Es una historia de muy pocas palabras"
"it is a story of very few words"
"Porque no me gustan las historias que duran para siempre"
"because I don't like stories that go on for ever"
"Una lengua demasiado larga es peor que una nariz demasiado larga"
"Too long a tongue is worse than too long a nose"
"cuando era joven era admirado por no ser un gran charlatán"
"when I was young I was admired for not being a great chatterer"
"Solían decirle a la Reina, a mi madre, que era así"
"They used to tell the Queen, my mother, that it was so"
"ya ves lo que soy ahora"
"you see what I am now"
"pero yo era la hija de un gran rey"
"but I was the daughter of a great king"
Mi padre ..."

My father..."
"¡Tu padre tenía algo de comer cuando tenía hambre!", interrumpió el príncipe.
"Your father got something to eat when he was hungry!" interrupted the Prince
"¡Oh! ciertamente" respondió el Hada
"Oh! certainly" answered the Fairy
"Y tú también cenarás"
"and you also shall have supper too"
"Solo quería decirte ..." Ella continuó
"I just wanted to tell you..." she continued
"Pero realmente no puedo escuchar hasta que haya comido algo"
"But I really cannot listen until I have had something to eat"
el Príncipe se estaba enojando bastante
the Prince was getting quite angry
Pero recordó que era mejor que fuera educado
but he remembered he had better be polite
realmente necesitaba la ayuda del Hada
he really needed the Fairy's help
"en el placer de escucharte podría olvidar mi propia hambre"
"in the pleasure of listening to you I might forget my own hunger"
"Pero mi caballo no puede entenderte"
"but my horse cannot understand you"
"¡Debe tener algo de comida!"
"he must have some food!"
El Hada se sintió muy halagada por este cumplido.
The Fairy was very much flattered by this compliment
y llamó a sus siervos
and she called to her servants

"No debes esperar ni un minuto más"
"You shall not wait another minute"
"Realmente eres muy educado"
"you really are very polite"
"Y a pesar del enorme tamaño de tu nariz eres realmente muy agradable"
"and in spite of the enormous size of your nose you are really very nice"
"¡Maldice a la anciana!", se dijo el príncipe a sí mismo.
"curse the old lady!" said the Prince to himself
"¡Ella no dejará de hablar sobre mi nariz!"
"she won't stop going on about my nose!"
"¡Es como si mi nariz hubiera tomado toda la longitud que le falta!"
"it's as if my nose had taken all the length her nose lacks!"
"Si no tuviera tanta hambre dejaría esta charlatanería"
"If I were not so hungry I would leave this chatterpie"
"¡Incluso piensa que habla muy poco!"
"she even thinks she talks very little!"
"¿Por qué la gente estúpida puede no ver sus propias faltas?"
"why can stupid people not to see their own faults!"
"Eso es lo que pasa cuando eres una princesa"
"That is what happens when you are a princess"
"Ella ha sido mimada por los aduladores"
"she has been spoiled by flatterers"
"¡Le han hecho creer que es una conversadora moderada!"
"they have made her believe that she is a moderate talker!"

Mientras tanto, los sirvientes estaban poniendo la cena sobre la mesa.

Meanwhile, the servants were putting the supper on the table

El hada les hizo mil preguntas
the fairy asked them a thousand questions

El príncipe encontró esto muy divertido
the prince found this very amusing

porque realmente solo quería escucharse a sí misma hablar
because really she just wanted to hear herself speak

Había una doncella que el príncipe notó especialmente
there was one maid the prince especially noticed

Siempre encontró una manera de alabar la sabiduría de su amante.
she always found a way to praise her mistress's wisdom

mientras cenaba pensó: "Estoy muy contento de haber venido aquí".
as he ate his supper he thought, "I'm very glad I came here"

"Esto me muestra lo sensato que he sido"
"This shows me how sensible I have been"

"Nunca he escuchado a los aduladores"
"I have never listened to flatterers"

"Gente de ese tipo nos alaba a la cara sin vergüenza"
"People of that sort praise us to our faces without shame"

"Y esconden nuestras faltas"
"and they hide our faults"

"O convierten nuestras faltas en virtudes"
"or they change our faults into virtues"

"Nunca creeré a las personas que me halagan"
"I will never believe people who flatter me"

"Conozco mis propios defectos, espero"
"I know my own defects, I hope"

El pobre príncipe Jacinto realmente creyó lo que dijo

Poor Prince Hyacinth really believed what he said
No sabía que la gente se reía de él
he didn't know that the people laughed at him
Elogiaron su nariz cuando estaban con él
they praised his nose when they were with him
Pero cuando no estaba allí, se burlaban de su nariz.
but when he wasn't there, they mocked his nose
y la doncella del Hada se reía de ella de la misma manera
and the Fairy's maid were laughing at her the same way
el príncipe había visto a una de las sirvientas reír con picardía.
the Prince had seen one of the maids laugh slyly
pensó que podía hacerlo sin que el Hada se diera cuenta de ella.
she thought she could do so without the Fairy noticing her
Sin embargo, no dijo nada
However, he said nothing
y su hambre comenzaba a ser apaciguada
and his hunger was beginning to be appeased
Pronto el hada comenzó a hablar de nuevo.
soon the fairy started speaking again
"Mi querido príncipe, ¿podrías moverte un poco más de esa manera?"
"My dear Prince, would you please move a little more that way"
"Tu nariz proyecta una sombra muy larga"
"your nose casts a very long shadow"
"Realmente no puedo ver lo que tengo en mi plato"
"I really cannot see what I have on my plate"

El príncipe complació con orgullo al hada
the prince proudly obliged the fairy
"Ahora hablemos de tu padre"
"Now let us speak of your father"
"Cuando fui a su corte él era sólo un hombre joven"
"When I went to his Court he was only a young man"
"Pero eso fue hace algunos años"
"but that was some years ago"
"He estado en este lugar desolado desde entonces"
"I have been in this desolate place ever since"
"Dime qué pasa hoy en día"
"Tell me what goes on nowadays"
"¿Son las damas tan aficionadas a la diversión como siempre?"

"are the ladies as fond of amusement as ever?"
"En mi época los veía en fiestas todos los días"
"In my time I saw them at parties every day"
"¡Dios mío! ¡Qué nariz tan larga tienes!"
"Goodness me! what a long nose you have!"
"¡No puedo acostumbrarme!"
"I cannot get used to it!"
"Por favor, señora", dijo el príncipe.
"Please, madam" said the Prince
"Desearía que te abstuvieras de mencionar mi nariz"
"I wish you would refrain from mentioning my nose"
"No te importa cómo es"
"It cannot matter to you what it is like"
"Estoy bastante satisfecho con eso"
"I am quite satisfied with it"
"y no tengo ningún deseo de tener una nariz más corta"
"and I have no wish to have a shorter nose"
"Uno debe tomar lo que se le da"
"One must take what one is given"
"Ahora estás enojado conmigo, mi pobre Jacinto", dijo el Hada.
"Now you are angry with me, my poor Hyacinth" said the Fairy
"Te aseguro que no quise molestarte"
"I assure you that I didn't mean to vex you"
"Es todo lo contrario; Quería hacerte un servicio"
"it is on the contrary; I wished to do you a service"
"No puedo evitar que tu nariz sea un shock para mí"
"I cannot help your nose being a shock to me"
"Así que trataré de no decir nada al respecto"
"so I will try not to say anything about it"
"Incluso trataré de pensar que tienes una nariz ordinaria"

"I will even try to think that you have an ordinary nose"
"pero debo decirte la verdad"
"but I must tell you the truth"
"Podrías hacer tres narices razonables de tu nariz"
"you could make three reasonable noses out of your nose"
El príncipe ya no tenía hambre
The Prince was no longer hungry
se había vuelto impaciente por los continuos comentarios del Hada sobre su nariz.
he had grown impatient at the Fairy's continual remarks about his nose
Finalmente saltó de nuevo sobre su caballo
finally he jumped back upon his horse
y se alejó apresuradamente
and he rode hastily away
Pero dondequiera que venía en su viaje, pensaba que la gente estaba loca.
But wherever he came in his journey he thought the people were mad
porque todos hablaban de su nariz
because they all talked of his nose
y, sin embargo, no se atrevió a admitir que era demasiado largo.
and yet he could not bring himself to admit that it was too long
Estaba acostumbrado a que siempre lo llamaran guapo
he was used to always being called handsome

La vieja hada deseaba hacer feliz al príncipe
The old Fairy wished to make the prince happy
y finalmente decidió un plan adecuado
and at last she decided on a suitable plan
Ella construyó un palacio hecho de cristal

she built a palace made of crystal
y encerró a la querida princesita en el palacio
and she shut the dear little Princess up in the palace
y puso este palacio donde el Príncipe no dejaría de encontrarlo
and she put this palace where the Prince would not fail to find it
Su alegría al ver a la princesa de nuevo fue extrema.
His joy at seeing the Princess again was extreme
y se puso a trabajar con todas sus fuerzas para tratar de romper su prisión.
and he set to work with all his might to try to break her prison
pero a pesar de todos sus esfuerzos, fracasó
but in spite of all his efforts he failed
Se desesperó por su situación
he despaired at his situation
pero tal vez al menos podría hablar con la querida princesita
but perhaps he could at least speak to the dear little Princess
Mientras tanto, la princesa extendió su mano
meanwhile the princess stretched out her hand
Ella extendió su mano para que él pudiera besarle la mano.
she held her hand out so that he could kiss her hand
Volvió los labios en todas direcciones
he turned his lips in every direction
Pero nunca logró besar la mano de la princesa
but he never managed to kiss the princess' hand
porque su larga nariz siempre lo impidió
because his long nose always prevented it
Por primera vez se dio cuenta de lo larga que era

realmente su nariz.
For the first time he realized how long his nose really was

"Bueno, ¡debe admitirse que mi nariz es demasiado larga!"
"well, it must be admitted that my nose is too long!"

En un instante, la prisión de cristal voló en mil astillas
In an instant the crystal prison flew into a thousand splinters

y el viejo hada tomó a la querida princesita de la mano
and the old Fairy took the dear little Princess by the hand

"Puedes estar en desacuerdo conmigo, si quieres"
"you may disagree with me, if you like"

"¡No me sirvió de mucho hablar de tu nariz!"
"it did not do much good for me to talk about your nose!"

"Podría haber hablado de tu nariz durante días"
"I could have talked about your nose for days"

"Nunca habrías descubierto lo extraordinario que era"
"you would never have found out how extraordinary it was"

"Pero luego te impidió hacer lo que querías"
"but then it hindered you from doing what you wanted to"

"Ves cómo el amor propio nos impide conocer nuestros propios defectos"
"You see how self-love keeps us from knowing our own defects"

"Los defectos de la mente y del cuerpo"
"the defects of the mind, and body"

"Nuestro razonamiento intenta en vano mostrarnos nuestros defectos"
"Our reasoning tries in vain to show us our defects"

"Pero nos negamos a ver nuestros defectos"
"but we refuse to see our flaws"

"**Solo los vemos cuando se interponen en el camino**"
"we only see them when they get in the way"
ahora la nariz del príncipe Jacinto era como la de todos los demás
now Prince Hyacinth's nose was just like everyone else's
No dejó de beneficiarse de la lección que había recibido.
he did not fail to profit by the lesson he had received
Se casó con la querida princesita
He married the dear little princess
y vivieron felices para siempre
and they lived happily ever after

Fin / The End

www.tranzlaty.com

www.ingramcontent.com/pod-product-compliance
Lightning Source LLC
Chambersburg PA
CBHW030136100526
44591CB00009B/688